La Mort de Mao

Jules Roy

La Mort de Mao

Albin Michel

22, rue Huyghens, 75014 Paris

Première édition : Christian Bourgois, 1969

ISBN 2-226-03753-5

à Pierre Moinot.

Ce ne sont pas un homme et une bête qui s'entre-regardent mais deux paires d'yeux pareils qui s'interrogent. Et dans chacune d'elles la même vie se blottit frileusement contre l'autre.

Ivan TOURGUENIEV.

Pauvres animaux que les chiens qui [...] *risquent de perdre le paradis sur terre, tout en étant assurés de n'avoir pas l'autre.*

Jean GRENIER.

I.

Je l'avais appelé Mao...

Je l'avais appelé Mao parce que je revenais de Chine. Je voulais qu'il règne sur moi comme l'empereur de la nouvelle dynastie sur son peuple. Certains virent là un signe de mépris pour le vainqueur de la Longue Marche. Pour cela, il aurait fallu donner ce nom de Mao à un porc ou à un veau. Mon dernier chien s'appelait César comme celui de la ferme de mes grands-parents dans la Mitidja. Ainsi à nous deux – lui César et moi Jules – portions-nous le nom du général qui conquit la Gaule et la soumit à Rome.

Dans l'idée que, ce Mao-là, du moins, je pouvais l'aimer, et qu'il m'obéissait, j'avoue qu'on aurait pu discerner quelque secret artifice ou quelque fourberie : sans penser à ramener, symboliquement, la Chine au servage de l'Occident, j'admets que se nichait là un brin d'ironie, mais quoi, j'aurais aussi bien appelé mon chien Charlie pour me gausser espièglement de notre roi de l'époque, si grand, si fier et si puissant, eh oui, de Gaulle! Après tout, quand on donne aux chiens le nom d'un homme, c'est que cet homme est illustre, et l'hommage ainsi décerné reste flatteur pour un monarque, qu'il soit roi de France ou empereur de Chine. Et puis Mao peut s'écrire comme un vieux nom français. Un gendarme de Vézelay s'appelait Mahaut, et il eut assez d'humour pour ne pas se vexer quand il sut que mon chien portait le même nom que lui. Chaque fois que nous allions chez le menuisier, c'étaient des Mao par-ci et des Mao par-là. La gendarmerie était au-dessus, et le fils du gendarme Mahaut un familier de l'artisan, qui tenait bistrot là. A présent, la gendarmerie a été bâtie hors des murs de la ville, le menuisier s'en est allé, le bistrot a changé de propriétaire. Serai-je en vie quand ces pages paraîtront? Et en Chine, plus de Mao.

Je m'aperçois que je n'ai jamais considéré Mao comme un chien, me demandant toujours s'il ne fournirait pas quelque preuve d'une intelligence proche de la nôtre. Un esprit d'homme, fourré dans un corps de canidé et incapable de s'exprimer autrement qu'un chien, tel il m'apparaissait parfois. A ce titre-là, il avait droit à des égards. Je me trompais. Par chance pour moi, il n'était pas un homme, qu'eussé-je fait d'un homme? et me comblait de tout ce dont je manquais à l'époque.

« Tu ne peux plus rester comme ça, m'avait dit mon ami P. M... Il faut que je te trouve un chien. Laisse-moi faire. »

P. M... possédait deux teckels qu'il emmenait à la chasse au sanglier. Il parlait d'eux comme de compagnons admirables et le désir me venait d'en avoir de pareils, mais j'avais tant souffert à la mort de César que je craignais encore, dix ans plus tard, de le remplacer. On ne change pas de chien comme de voiture ou de maîtresse, et il arrive déjà qu'on s'attache à une voiture. Dès qu'on pénètre dans le domaine du cœur, qu'il s'agisse d'un homme, d'une femme, de soi-même, d'un chien ou d'une maison, les mots acquièrent une dignité souveraine qui n'a plus rien de commun avec l'objet du sentiment. Il peut paraître injurieux d'employer pour un chien des expressions réservées à ce que l'amour devrait avoir de plus haut, et les professeurs en Sorbonne opposent à cette confusion des idées un sourire condescendant, quand ils ne s'en scandalisent pas, tels les juges d'un sanhédrin. Dieu lui-même ne doit pas se vexer, dans son infinie bonté, de recevoir les humbles tendresses qu'on voue d'habitude aux êtres auxquels on est attaché. Et alors qu'une fausse pudeur ou un réflexe de défense nous empêchent souvent d'exprimer à nos frères ce qu'on éprouve pour eux, on ne craint pas, dans tout ce qui nous émeut en lui ou par lui, de s'ouvrir à un chien, parce qu'on n'a rien à redouter de lui, ni mépris ni méprise.

Incarnation du désintéressement et de l'amour pur, tel était Mao. Homme aussi par tout ce qu'il ressentait qui dépassait sa condition, il recevait avec reconnaissance et donnait sans mesure.

II.

Quand j'allai le chercher...

Quand j'allai le chercher, un soir de novembre, dans les cuisines d'une brasserie du boulevard de la Madeleine où il arrivait de l'élevage d'un garde-chasse alsacien, un certain M. Wagner, ce fut P. M... qui le choisit parce qu'il avait le cou plus fin et faisait montre d'une grande précocité amoureuse, ce qui semblait l'indice d'un sang chaud.

J'avais acheté un collier et une laisse. Il quitta sans trop de peine la portée de ses frères et le sous-sol où il vivait depuis quelques jours dans un fumet de frites et de grillades. Je le nichai d'abord dans la saignée du bras. Bien qu'il eût déjà trois mois, il était si petit qu'il tint dans la poche de mon manteau, où il s'enfouit. Dans l'auto, l'odeur du cuir et du métal mêlée à la mienne l'agita. Il ne savait plus où donner de la truffe. La nuit était tombée et les lumières de la ville luisaient. J'avais promis d'aller à un cocktail de mon éditeur. Comme je n'osais pas le laisser seul dans la voiture, de crainte qu'il n'eût peur ou qu'on ne le volât, je l'emmenai et le gardai contre moi. Ce fut sa première sortie dans le monde et, pour moi, le prétexte d'y rester peu. Il me tardait d'être avec lui. Chez moi, il flaira tout. Un panier d'osier tout neuf l'attendait, que j'avais matelassé d'un vieux chandail noir. Il préféra mes genoux. Ma gouvernante espagnole lui avait préparé du rôti de bœuf et des légumes qu'il engloutit, puis nous fîmes une promenade sur le boulevard.

Très vite, avec un mélange de joie et de résignation, il s'attacha... Au collier, une médaille portait mon nom et mes adresses à Paris et à la campagne. Il m'appartenait. Selon la loi, j'avais sur lui droit de vie et de mort.

Si mauvais ou si pauvre que soit un maître, on n'a jamais vu un chien le haïr ou le quitter pour un autre. On peut acheter un veau qui devient votre bien. Qui éprouve des sentiments pour un veau, et qu'éprouve le veau, sinon un inépuisable besoin d'engloutir des aliments? Un chien partage la vie de son maître, baise ses mains, heureux ou triste à l'unisson, acceptant son sort, caresses ou rebuffades. Les hommes ont sur lui la supériorité de se révolter, et c'est sans doute pour cela qu'une certaine mésestime poursuit le chien. Dans le monde islamique, où l'on est fier, le mot de chien est l'injure suprême, parce que les hommes ont dû, là plus qu'ailleurs, refuser l'esclavage. On n'y aime pas les chiens. Exclus des lieux nobles et tenus à l'écart par des hommes qui ont déjà de la peine à manger à leur faim, ils sont méprisés et se montrent obscènes et voleurs par nécessité. Chez nous, les rois n'ont jamais craint de flatter leurs chiens, de leur ménager une place à table ou à leurs pieds. Quant aux soldats, ils aiment les chiens en qui ils reconnaissent des frères, aussi mal traités qu'eux.

III.

Dans nos campagnes...

Dans nos campagnes, les teckels ne courent pas les rues, leur taille minuscule attire à eux les enfants, leur intelligence provoque la sympathie. Par sa malice et sa gentillesse, Mao avait séduit le canton. Du village, ne parlons pas : il en était l'esprit et l'humour. Il travaillait à l'union des foyers, manifestant sans distinction aux uns et aux autres grâces et battements de queue. J'avoue que je lui laissais trop de liberté et que j'avais tort. Il apparaissait partout, cueillait une caresse, recevait une flatterie ou un morceau de sucre, multipliait les attentions, visitait les malades, allait prendre le café chez les uns, lichait le lait des chats de la mairie, guettait un os chez les autres, goûtait à la pâtée des cochons ailleurs et s'en revenait à la maison, le nez rasant le sol, l'air ingénu, se chauffer. S'il trouvait portes closes, il lançait un aboi pointu, s'asseyait et, si on tardait à lui ouvrir, recommençait avec un brin d'impatience.

Connaissant bien les aîtres, il ne s'embarrassait pas dans les itinéraires comme ces bêtes qui semblent perdues parce que le chemin qui va d'un lieu à un autre n'est pas direct. En cela, il était chinois, et je le lui disais avec un mélange de moquerie et d'admiration. Si quelque obstacle infranchissable le séparait de moi pendant nos promenades, il me laissait, après un bref coup d'œil, tournait le fossé ou le rempart et me rejoignait.

A la ville proche, je le tenais en laisse, le suivant plus qu'il ne m'accompagnait. Partout chez lui, il entrait dans les magasins avant moi, flairait, recevait les hommages et les gâteries avec un naturel parfait, considérant à tort ses congénères comme des amis et ne leur montrant jamais les dents, ce qui lui valut quelques mésaventures. A la sous-préfecture, où il ne m'était pas permis d'aller sans lui, mon ami le sous-préfet enfermait ses chiens pour lui réserver le rez-de-chaussée. Conscient de la protection dont il jouissait,

Mao prenait aussitôt possession de son empire et abusait parfois des faveurs qu'on lui prodiguait. Friand de sorties, il goûtait cependant peu les soirées et préférait des journées bien réglées dont le cours s'arrêtait après le dîner. Alors, selon son humeur, il gagnait son panier, une chaise ou un fauteuil et s'y endormait. La conversation ne le gênait pas, à condition qu'on ne l'y intéressât plus. Si nous nous installions devant la télévision, il cherchait refuge sur mes genoux. Qu'on le dérangeât pour changer de maison ou s'aller coucher lui déplaisait. Il n'aspirait plus qu'à reposer au chaud jusqu'à l'aube. Qu'on poussât l'indiscrétion jusqu'à le promener dans la cour pour l'adjurer de lever la patte contre un pan de mur mettait sa patience à l'épreuve. On y était bien obligé, car il considérait comme naturel de se satisfaire où il se trouvait. Aussi luttions-nous, moi à m'éviter de le gronder en sollicitant sa bonne volonté au-dehors, lui à préférer le tapis de paille de mon cabinet de travail ou les pieds du buffet.

IV.

Peut-être aurait-il voulu
naître oiseau...

Au début, je mis ses incontinences sur le compte de l'âge. Que jeunesse se passât!

Je dus me convaincre qu'il considérait comme broutilles le fait de se soulager où bon lui semblait. Certes, il savait que je détestais cela. Il choisit d'essuyer mes reproches plutôt que de se corriger. Pour lui, j'avais tort de me fâcher. Il lui suffisait d'attendre de me voir soumis, ce qui était presque acquis. Presque pour la forme, il recommençait : un jet contre un rideau ou quelques pralines sur le tapis. Ces matins-là, d'ailleurs, il ne se faisait pas prier pour sortir, alors qu'en général il hésitait, avançait le nez, reculait, prêt à repiquer un somme, sauf si le jardinier travaillait déjà, sa meute près de lui. Dehors, il s'étirait, humait l'air, se décidait à quelques pas, puis, en appétit par les odeurs que le vent charriait, s'engageait au petit trot, tournait à l'abri des lilas, descendait l'escalier le long de la gloriette et filait vers la route. Je le guettais des fenêtres et cognais aux vitres. Il s'arrêtait, me regardait.

« Attention en traversant », criais-je.

Il repartait après un signe d'intelligence, glissait sous la haie, échappait à mes regards.

De l'autre côté de la route, il avait le choix : les chiens de la Germaine ou le café noir des Morizot. Il allait d'abord au café, chassait une poule en passant, d'un saut négligent. Chez les Morizot, où on lui faisait toujours bon accueil, il déployait ses charmes, se laissait aller au commerce de l'amitié, tendait son museau noir et ses oreilles fauves aux caresses, reniflait toutes les bonnes odeurs de pain chaud, de fromage et de saucisson. Puis il attendait que la porte s'entrebâillât pour filer chez les Gauffroy faire un brin de cour à la chienne Chipette, presque à sa taille, et revenait guilleret, en réclamant l'huis d'un appel aigu. Chez moi, il déjeunait d'habitude d'un peu de lait, d'une biscotte beurrée, ou d'une galette feuilletée. Après quoi, il visitait mon frère et Louise, de l'autre côté de la cour, puis folâtrait, jouait de ses forces et de sa souplesse. De ma table de travail, je voyais sa robe noire bondir dans le pré.

Au printemps, les oiseaux l'occupaient. Il les guettait, se précipitait sur eux quand ils se posaient sur l'herbe. Quand ils lui échappaient, il s'arrêtait, les regardait sur le toit, jappait de dépit, s'éloignait, puis recommençait, jamais découragé. Peut-être aurait-il voulu naître oiseau. Les lointaines origines de l'espèce se découvraient dans sa manie de trottiner sur le faîte incertain des murs sans déranger l'ordonnance des pierres ou des tuiles. Sa taille ridicule, par moments, le désespérait. Il se dressait sur ses pattes de derrière, acharné à grandir, grimpait sur ma table. Si j'étais debout, je n'avais qu'à esquisser un geste : il bondissait, d'un coup de reins, presque à hauteur de ma poitrine pour se loger sur mon épaule, et, de là, contempler le monde qu'il ne voyait d'habitude qu'au ras du sol. Ses désirs d'homme m'émouvaient.

V.

Le monde des effluves...

La première promenade que nous fîmes dans la campagne, il ne quitta pas ma botte. Quand nous allâmes dans le village, on regarda derrière les fenêtres, comme un oiseau rare, ce chien qui ressemblait à un gros rat.

Tout l'effraya, au début, puis quand nous eûmes passé la dernière mare et que le vent, après les grandes haies, lui apporta soudain, en déboulant des collines de l'ouest, le souffle des arbres secs, des feuilles pourries et du gibier tapi dans les bois, il frémit comme une onde que touche l'approche de l'orage. Incapable d'assouvir encore son instinct de chasseur, il en tremblait d'émotion, partagé entre le désir de courir sur des traces et la frayeur de se perdre dans un monde qui engendrait tant d'effluves. Les jours suivants, il s'enhardit, s'éloigna de plus en plus, traversa les fourrés, reconnut les layons odorants, les rus gorgés d'eau, flaira les grosses limaces rouges qui s'égaraient sur la mousse.

Quand il disparaissait, je m'inquiétais et le sifflais, puis je l'apercevais, noir furet, qui m'attendait en avant sur le chemin, vaguement ironique.

Je guettais ses arrêts. Il commençait à lever la patte, hardiment, plus haut que la tête, mais la terre l'inspirait moins que les rideaux. Quand il se décidait, au pied d'un arbre, je le flattais et le félicitais, essayant de lui faire comprendre que c'était ainsi qu'il devait se comporter dans notre univers civilisé. A Paris, nous le sortions, mon Espagnole à œil de velours ou moi, quatre fois par jour. Il affectionnait les platanes du boulevard. Jamais les murs. Si, par malchance, il pleuvait, il rechignait à poser ses pattes sur la terre mouillée du trottoir défoncé qui surplombait la voie ferrée du chemin de fer d'Auteuil. On devait le traîner pour le faire avancer. J'enrageais. Au lieu de dépenser tant de matière grise à envoyer des hommes dans la Lune pour transformer notre satellite en station-service nucléaire, il aurait mieux valu inventer pour teckels des commodités d'appartement, pourquoi pas? « Ce chien, me disais-je, n'est décidément pas comme les autres qui semblent prendre tant de plaisir à fusiller les réverbères. »

VI.

Il semblait atteint d'un travers...

Il semblait atteint d'un travers que je ne savais comment corriger. *Au chien élégant,* rue François-Ier, j'achetai des solutions magiques à égoutter, dans l'espoir qu'il les arroserait, contre la balustrade de la terrasse et les bacs vides de leurs géraniums, tout comme le caniche de l'étage au-dessous pour les siens. Rien n'y fit. Finalement, je renonçai à le ramener à la ville et le laissai à la campagne, chez mon frère qui l'aimait et ne se plaignait pas de lui.

« Même quand il pleut? demandai-je.

– Ah! quand il pleut, c'est la croix et la bannière. Au petit matin, il met le nez à la porte et revient vite dans son panier. Je le gronde, je le secoue, je le pousse, je sors avec lui. Au bout de la cour, par pure faveur, une goutte contre le portail. Quand il ne veut pas, il ne veut pas. »

Chez mon frère, en tout cas, il se montrait propre. Et, dès que j'arrivais, le débordement. La maison était-elle trop grande, trop riche d'odeurs depuis deux siècles? Croyait-il ainsi m'honorer? La joie de mon retour le débridait-elle? Le sentiment n'y pouvait rien. « Je serais si heureux, lui disais-je, si vous vous décidiez à être propre, comme les autres chiens de mes amis. » On eût compris s'il était resté enfermé du matin au soir. Mais, les jours de beau temps, les portes ouvertes, il pouvait aller et venir à ses aises à travers le parc et la cour, et la promenade avec moi durait une heure. On me disait : « Il faut en parler au vétérinaire. » Je savais que l'art de soigner les animaux n'avait rien à voir là-dedans et que c'était une affaire de teckel, chinois de surcroît. La preuve? Par longues périodes, il devenait subitement net. On se réjouissait. On le félicitait. Le temps se mettait à la pluie ou une visite semait quelque animation et, tout à coup, contre la cheminée ou au pied du buffet...

« Qu'avez-vous fait? » disais-je d'une voix sévère.

Car je lui disais « vous » quand nous étions en froid ou quand je devenais son professeur. Pourquoi tutoyer les chiens et les enfants à tout bout de champ et sans discernement? Les uns et les autres ont besoin, sinon de respect, du moins de croire à leur importance.

Il s'aplatissait, rampait, demandait pardon, gagnait la porte, disparaissait un instant, attendait qu'on lui ouvre, revenait. Qui pouvait lui résister? C'était un chien du temps pas si lointain où, dans les vastes cuisines et salles à manger de seigneurs, personne ne s'apercevait de rien, ou encore, comme je le lui disais pour l'humilier, un chien de ferme, se complaisant dans les étables et les soues. Eh bien, je devais le prendre comme il était, sans rien lui enlever d'une personnalité qui provoquait la sympathie. S'il s'était montré snob, s'il n'avait pas frayé avec les gens du village, quelles conséquences pour moi! En quelque sorte chargé de mes relations extérieures, il s'en tirait à son honneur, alors que César égorgeait les brebis et se saoulait de leur sang. Mao se contentait d'étrangler une poule par-ci par-là, mais aucun propriétaire ne voulut jamais être dédommagé. Pour le guérir de sa passion pour la volaille, mon ami P. M... me conseilla de l'enfermer dix minutes dans un sac avec une poule et de l'y fouetter. Ainsi, à jamais dégoûté de l'odeur des basses-cours, n'en approcherait-il plus. Nous n'eûmes pas le courage d'en arriver là. Un jour, il nous rapporta un œuf encore chaud, qu'il déposa délicatement aux pieds de mon frère et personne ne résista au fou rire qui s'empara de nous, si fort qu'il attira une voisine.

« Ah, dit-elle, je comprends... »

En un éclair, la nouvelle du larcin fit le tour du village où les poules ne pondent guère dans les poulaillers, mais un peu partout dans la paille quand ce n'est pas dans les haies.

« Étonnez-vous qu'il ait la voix si claire et le poil si luisant », répétait-on.

On l'eût facilement accusé de dérober tous les œufs du village. Il brisait les noix et en mangeait le fruit débarrassé de sa coquille. Ainsi devait-il gober les œufs. Je l'élevais très mal. J'admis qu'il était de la race des hobereaux, capable de manier la fourche à l'occasion, de se crotter les bottes et de sauter une fille dans le foin, mais aussi de goûter les délicatesses de la table, des salons et du lit. Je l'absolvais de tout et sans confesse.

VII.

Dormir avec son maître...

Une amie m'avait dit : « Répétez-vous qu'un teckel finit toujours par dormir avec son maître... Alors, pourquoi ne pas commencer tout de suite? » J'avais résisté un temps. « Non, non », disais-je quand il venait m'implorer au pied du lit et se dressait vers moi, l'œil baigné de tendresse. Il s'en allait, dépité. Un jour, je n'y tins plus. Il n'arrivait pas encore à atteindre le lit, assez haut, et je dus l'aider. Alors, tremblant de bonheur, il s'enfouit sous l'édredon comme dans un terrier, y fourragea un peu contre mes jambes, et ne bougea plus. Comment n'étouffait-il pas? Il aurait pu sortir le museau pour respirer, mais il aurait moins joui de ma chaleur. Au bout d'une dizaine de minutes, n'en pouvant plus, il surgissait, s'étirait, sautait à terre, s'ébrouait en faisant claquer ses oreilles et regagnait son panier, puis revenait, de nouveau quémandeur de grâces.

Le manège durait toute la nuit. Je m'avouai que j'en avais du plaisir. Cela scandalisait ma belle-sœur Louise. « Un chien, ah! non, pas sur le lit. C'est pas propre... » Mais quoi, il suffit de si peu de chose pour ne pas désespérer. Je vivais seul alors. Cette douce présence contre moi me sauvait des pensées amères. J'aimais mon chien et il m'aimait tel que j'étais, sans rien exiger de plus que ce que je lui donnais. Seuls ne me comprendront pas ceux qui ont passé leur vie dans les règles bourgeoises, une femme emmerdante à côté d'eux. Les autres me pardonneront. Pas propre un chien? A tout bien mesurer, un homme l'est-il davantage?

Est-ce à partir de ce moment que nos relations devinrent plus passionnées? En furetant dans ma mémoire, je dois admettre que la jalousie demeura toujours le principe de notre alliance. Je lui en voulais parce qu'il me plantait là parfois dans la journée ou parce qu'il me battait froid après une gronderie. Si j'avais flatté un des chiens du jardinier, si j'étais allé sans lui à la ville, ou si, agacé par le bruit qu'il faisait, la nuit, en claquant ses oreilles, je le grondais, il se tenait à l'écart, puis nous nous réconciliions. Il se jetait alors contre moi, se serrait sur ma poitrine, enfonçait sa tête entre ma veste et mon chandail et respirait longuement, comme pour s'y engloutir, mon odeur.

Son bonheur était simple. Immobile, contre moi, à la table de travail où je m'arrachais un livre de moi-même comme on s'écorche vif, dans un fauteuil ou sous le volant de la voiture pendant que je conduisais, il goûtait les félicités suprêmes de l'amour comblé et s'y perdait. Qui peut oser parler de la recherche de l'absolu chez les hommes? Quelque tricherie s'y niche toujours qui pipe les dés. L'amour fou, seul un chien ou ceux qui possèdent une âme aussi nue peuvent le connaître par la présence de l'être aimé s'ils n'attendent rien en retour.

A ces moments-là, je l'admirais et je l'enviais. Je lui étais reconnaissant d'être devenu si définitivement l'objet de son amour. Ma mort l'eût laissé inconsolable, c'est ce que je me disais naïvement. Il est vrai que les chiens souffrent autrement que les hommes. J'ai toujours essayé de savoir ce qu'il advint du chien de Flaubert, Julot, qui était déjà vieux et avait du mal à s'éloigner des cheminées, quand son maître mourut. Il dut mourir aussi, de désespoir.

Personne ne s'est inquiété de lui. J'en veux un tantinet à Flaubert d'avoir si peu parlé de lui. Et puis ce nom ridicule de Julot, comme on m'a appelé parfois dans ma jeunesse, je l'ai en horreur. Flaubert n'aurait pas dû.

VIII.

Ainsi vécûmes-nous dix-huit mois...

Ainsi vécûmes-nous dix-huit mois. Une fois encore, je l'emmenai à Paris parce qu'on m'avait dit qu'il risquait de se croire abandonné et de se détacher de moi. Le même jeu reprit avec la terrasse, les arbres du boulevard et la pluie.

Son maître? Je n'étais que son serviteur, parfois en rébellion contre lui, et c'était lui qui me tenait en laisse. Pour essayer de le convaincre de sortir sans trop de déplaisir malgré les intempéries, mon Espagnole lui avait d'abord tricoté un manteau rouge, puis je lui fis tailler un imperméable dans du tissu écossais. Il avait l'air emprunté. Finalement, je retournai *Au chien élégant* lui acheter un ciré noir, léger, à sa taille, qui le faisait ressembler à un beau ténébreux, bas sur pattes.

Nous allâmes ainsi chez Lipp avec des

amis et dans les restaurants tunisiens de la rue Montmartre. Il aimait le couscous et se gavait de tout ce que les garçons lui refilaient, mais à Paris l'espace lui manquait. Les promenades sur les pelouses de Bagatelle m'ennuyaient et ne lui suffisaient pas. J'avais de la peine à le voir renifler tant de crottes distinguées. Quand j'allais au cinéma, je devais le laisser dans la voiture. Il se pelotonnait alors sur mon siège et m'attendait tristement.

Puis mon Espagnole me plaqua et nous retournâmes, Mao et moi, à la campagne où il se rua avec frénésie dans le parc et dans les bois. Je reconnus qu'il n'était, pas plus que moi, destiné aux grandes cités, et que je devais, quitte à le perdre, lui épargner les duretés dont je m'accommodais mieux que lui. A la ville, je vivais presque aussi isolé qu'à la campagne, travaillant tout le jour au point que, le soir, je n'avais pas le courage de sortir et que je m'effondrais lourdement devant la télévision, ce cinéma du pauvre.

IX.

Aimer un chien,
n'est-ce pas sottise?...

Pourquoi dit-on : « seul comme un chien »? Comme un chien sans maître. Mao, quand il ne m'accompagnait pas à la ville, organisait sa vie sans moi avec Louise et mon frère. Il changeait de maison et son panier passait de mon bureau à la cuisine d'en face. Pendant un jour ou deux, il devait m'en vouloir, sans se douter que je respectais sa liberté tout en préservant aussi la mienne. Il me rejoignait dans l'odeur du chandail noir en loques sur lequel il dormait, démêlait dans le sommeil, à la commande, tout comme un maréchal de France, la solution de ses problèmes et la fin de ses maux. De cela, ai-je pu l'envier!

Louise, d'abord, a vu d'un mauvais œil d'avoir à s'occuper de lui. Elle avait assez de travail comme ça. Et puis, quand elle a reconnu combien mon frère l'aimait, comme ils s'amusaient bien tous les deux, et qu'un si petit chien apportait une si grande compagnie pour si peu de dérangement, elle s'est laissé piéger, elle aussi. Un si petit chien, oui, mais un cœur gros comme une déflagration de bombe atomique.

Son panier était sous le radiateur. Dans la journée, juché sur une chaise devant la fenêtre, il surveillait la cour. Mon frère lui lançait un os en caoutchouc ou ce qui restait d'une poupée déchirée. Sur quoi il refermait sa gueule et on le soulevait de terre sans lui faire lâcher prise. Des jeux d'enfants, qui duraient. Des taquineries. L'exercice lui évitait l'empâtement des teckels citadins qui ressemblent à des saucissons. Il restait mince, superbe dans sa robe noire, et ses pattes prenaient de plus en plus la couleur du feu.

Si j'avais pu craindre qu'il ne m'oublie, je fus délivré de ce souci à mon premier retour, quand il se livra aux transports des retrouvailles. Comment avais-je pu penser, un temps, que les teckels affectaient de la retenue dans leurs sentiments et comme une certaine réserve? Depuis la veille, il sentait que j'allais rentrer, s'agitait. Le matin, il ne bougeait plus de son poste d'observation. Alors, pendant un jour, nous ne nous quittions plus, nous n'en finissions plus de nous embrasser. Le soir, à peine étais-je au lit qu'il bondissait sous l'édredon, s'y étalait, puis, quand il avait tout son saoul de chaleur, s'en allait en claquant les oreilles dans un fracas terrible, ses ongles piquant le plancher ciré.

Aimer un chien à ce point, n'était-ce pas sottise ou gâtisme précoce? Est-ce seulement digne d'un homme? N'y faut-il pas voir le signe d'un dérèglement sénile? Un chien, voyons... Seigneur, n'étais-je pas atteint de déliquescence mentale? Les aventures d'un écrivain et d'un chien, comme s'il n'y avait pas de pauvres, de femmes abandonnées ou de guerres. Un renard ou un chien, pourquoi n'auraient-ils pas, eux aussi, des désirs d'hommes? Qui peut affirmer qu'ils n'endurent pas ces imbéciles souffrances qui sont les nôtres depuis que nous n'avons plus à nous demander si nous mangerons le lendemain?

Nous nous fâchions encore pour des riens, et, parfois, je lui disais : Non, quand il approchait de mon lit. Puis, le remords me tenaillant, je l'appelais. Un moment, il faisait la sourde oreille. Soudain effrayé, j'imaginais qu'il pouvait mourir et que je regretterais de m'être montré dur. Je l'appelais encore. Il ne bougeait pas. Je le suppliais.

« Mao, mon chien, mauvaise tête, tu ne m'entends pas? Tu m'en veux encore? J'implore ma grâce. »

Le silence pesait.

« Voyons, mon chien... »

Je disais « mon chien » comme on dit « mon amour... ». Je le tutoyais alors. Il se décidait enfin, approchait, encore hésitant, puis sautait sur le lit, m'écrasait de sa masse de muscles et s'enfouissait sur l'édredon.

Au Vietnam, au Biafra, des enfants pleuraient parce que les avions avaient incendié leur maison ou tué leur mère, et je m'attendrissais sur un chien. Je n'y pouvais rien. Je n'allais pas abandonner Mao pour les enfants du Vietnam. Un an plus tôt, dès que les

Américains avaient commencé à bombarder le Nord, je n'avais pas barguigné. J'étais prêt à partir pour Hanoi. Si l'on n'avait pas attendu si longtemps pour me répondre, j'aurais préféré à Mao les malheurs du Vietnam, et puis, quand le visa me fut accordé, la maladie me frappa. Je n'avais plus assez de force pour un voyage si hasardeux.

Je n'avais donc pas de honte à abriter sous mon édredon un chien qui n'était heureux qu'au chaud et avec moi, et tournait peut-être dans sa tête, sans pouvoir les exprimer, les mêmes tourments que moi. Ça compte, même quand c'est un chien, quelqu'un qui vous préfère au reste du monde.

X.

Il était mon bien
et j'étais le sien...

En société, parfois, on admirait sa robe luisante, ses oreilles de soie, son corps en fuseau, ses courtes pattes aux ongles larges, son poitrail puissant, son regard où brillait une lumière blonde, son long museau pointu. Tous les canons de beauté des teckels étaient rassemblés en lui sauf, peut-être, l'oreille placée un peu haut par rapport à l'œil. Pour moi, qui l'aurais aimé de toute façon, en échange des bontés dont il me comblait, j'étais fier de lui.

Pour me conquérir, il fallait d'abord être conquis par lui et le lui témoigner. Ceux qui ne l'ont pas aimé ont fini d'être mes amis, et j'étais vite jaloux de ceux à qui, dans l'innocence de son jeune âge, il accordait trop d'importance. Alors, soudain, je le rabrouais. Je voulais qu'il comprît qu'on ne prodigue pas certains égards sans se prostituer. Parce qu'il était mon bien, je devais être aussi le sien.

C'est ainsi que nos rapports devinrent comme animés par le plus terrible de tous les attachements : ceux où la chair intervient peu. Je compris alors pourquoi, par exigence d'une exclusivité absolue, certains maîtres dressaient leur chien à n'accepter jamais de caresse ou de nourriture d'un étranger, un peu comme, avant leur départ pour la croisade, les barons cadenassaient une ceinture sur les reins de leurs femmes. J'expliquai cela à Mao et m'ouvrais à lui. A cette époque, je souffrais d'une solitude qu'il ne pouvait pas briser tout entière. Il m'y aida cependant.

Avec lui, je me trouvais bien. Nous formions un couple où la servitude mutuelle tolérait certaines libertés. Peu à peu, il s'installa, conquit ses latitudes et les imposa. Une étrange agitation l'habitait. Il ne pouvait tenir en place. Dans mon cabinet de travail, il n'arrêtait pas de bouger, quittant sans cesse en trottinant, comme s'il avait hâte d'être ailleurs, son fauteuil pour la banquette des vieux journaux ou mes genoux. A la fin, agacé par cette turbulence, je posais la plume et poussais un coup de gueule. « Assez! »

Il courait se réfugier dans son panier sur le vieux chandail, se repliait, baissait le nez jetait sur moi un œil inquiet.

« Vous ne comprenez pas que vous me fatiguez? » ajoutais-je doucement.

Il poussait alors un long soupir et s'endormait. J'étais heureux.

XI.

Les Chinois représentent la paix...

Les Chinois représentent la paix, dans leur écriture, par l'idéogramme d'une femme sous un toit. Je n'en étais pas encore là, mais j'avais un chien. Un chien dans une maison, et, près du chien, un homme au travail. Pour la félicité suprême, il ne manquait qu'une femme filant la quenouille et qui me fut octroyée. Il n'en fut pas chagriné.

Tania l'aima. Elle observa avec un peu d'amusement notre comportement. Quand il me boudait, il se réfugiait sur ses genoux. Ses mains étaient plus douces que les miennes. Sa voix savait mieux convaincre. Il pencha pour elle vers une tendresse dont je me montrais parfois jaloux. De Tunisie, elle avait ramené un renardeau qu'elle avait su apprivoiser. Puis, il l'avait quitté, un jour qu'elle était absente : il avait dû partir à sa rencontre. Elle parlait de lui avec nostalgie. Parfois il me semblait que Tania pourrait être une pomme de discorde entre mon chien et moi.

Nous vivions ainsi. Dès que je m'accroupissais devant la cheminée pour allumer le feu, il était là, assistait à la prise puis à la montée des flammes sous les coups d'éventail des feuillets des journaux pliés en long. Chaque fois, il était fasciné, pas effrayé le moins du monde, par le pétillement des étincelles. Ou alors, s'il me voyait chausser mes bottes et empoigner ma canne, sautait de joie. On aurait dit que des promenades il attendait toujours un miracle : des troupes de lapins ou des escadrilles de cailles filant sous son nez, des senteurs inconnues, des coups de vent chargés de l'odeur de fumier ou de musc de sauvagines, ou des traces d'oiseaux migrateurs tombés du ciel. Finalement, les seules aventures de nos sorties consistaient à franchir un ruisseau en crue ou à découvrir un corbeau mort, déjà à demi dévoré. Pour lui, toujours en course, c'était la poursuite du mystère possible.

« Des grillades et des légumes », avait

conseillé le vendeur. Ah! oui. Il ramenait des os immondes qu'il se hâtait de cacher dans le parc au pied d'un arbre, ou dévorait des charognes dégoulinantes de purin. Un hobereau, un petit seigneur chinois, friand de nourritures pourries qu'il avalait avec délices sans qu'en restât jamais la moindre odeur dans son haleine ou sur lui, voilà ce qu'il était. Il rentrait crotté, courait se sécher, je le brossais. L'été, une fois par mois, je le baignais dans l'évier, à l'eau chaude, puis le séchais sous les couvertures et le frictionnais à la lavande. Pour quelques heures, il sentait bon comme un mignon.

XII.

La départementale est peu passante...

Je le gardais près de moi tant que je pouvais. Toutes les barrières qui donnent sur la route étaient fermées. Mais comment l'empêcher de passer à travers les musses des haies ou d'escalader les murs? Il pouvait aussi gagner le voisinage par le pré.

La départementale évite le village après notre maison : elle est peu passante et incommode et ne l'empruntent d'habitude que les fournisseurs, les gens du pays et les camions de bois. Mais des amateurs d'itinéraires originaux s'y aventurent, de plus en plus nombreux à l'époque des vacances, pressés, fiévreux, brutaux. Les panneaux « chaussée défoncée » ne les incitent pas à la prudence. Ces furieux abordent le sommet de la côte à quatre-vingts, flanquent un coup de frein dans le virage et accélèrent tout aussitôt. Quel démon les pousse? Le village a ses chiens éclopés et blessés de la circulation, autrement dit de guerre. La plume des poules enneige les bas-côtés. Soi-même, il faut se méfier et laisser les cinglés s'écraser seuls contre un mur. Je n'étais en paix que Mao près de moi ou lorsque je le voyais s'amuser dans le parc avec les chiens du jardinier.

Quand je partais avec lui me promener à pied, par les chemins de terre, et que nous rejoignions une route, je ne vivais plus. Souvent, je l'attachais, puis, lui rendant sa liberté, je le forçais toutefois à s'arrêter ou à venir près de moi. Il n'obéissait qu'à contrecœur et seulement pour céder à ce qu'il considérait comme une manie d'homme. Au besoin, je me mettais carrément au milieu de la chaussée pour forcer les fous à ralentir, afin de préserver mon chien.

Cependant, cette période hasardeuse me semblait passée. Il devenait adulte. Il allait avoir deux ans le 15 août. Son instinct le protégeait mieux que moi. Quand je m'absentais encore pour mon travail, la journée de nos retrouvailles s'écoulait dans un délice. Il ne quittait presque pas mes genoux. Il se grisait de ma chaleur et moi de la sienne. Tania souriait en nous observant.

Je dis les choses comme elles sont, sans prétention et encore moins de suffisance, dans la conscience de mes faiblesses. Je me demande même s'il n'y pas une certaine impudeur à se laisser aller ainsi, et à propos de quoi? D'un chien.

XIII.

La semaine avait été irritante...

A Paris, cette semaine-là avait été irritante, rien ne marchait, j'étais sombre. Pour mettre un terme à ces agacements, nous décidâmes de regagner notre campagne.

Depuis la veille, une pensée attisait la fête de mon retour, comme un brusque coup de vent. Je me disais : « Je vais retrouver Mao » et une courte joie me transperçait dont je n'osais pas toujours m'ouvrir à Tania. Cette fois, cependant, cela ne s'accompagnait pas de ces prolongements délicieux pareils à une vision d'arbres en fleur.

En montant la côte, je ralentis et j'attendis que l'épaule de la maison apparût par-dessus la courtine qui lui donne l'air d'une redoute. Pour me protéger de la violence de ses embrassements, j'enlevai mes lunettes de route et les glissai dans leur étui que j'abritai dans une poche, puis je virai doucement et j'entrai dans la cour. Bizarrement, je ne lançai pas de coup de klaxon pour annoncer notre arrivée. Je coupai le contact et descendis de voiture. D'ordinaire, la porte de mon frère s'ouvre très vite, Mao en jaillit comme un boulet en aboyant puis se précipite sur moi en hurlant de bonheur. Il saute à hauteur de ma ceinture, je l'attrape au vol et nous nous serrons dans de longues étreintes.

Mon frère et sa femme Louise sortirent seuls. Je pensai que Mao était en promenade. Un temps, je n'osai rien demander tant je voulais croire qu'il venait de filer dans le village, puis, n'en pouvant plus, l'air faussement enjoué, je demandai : « Et mon chien? »

Louise laissa tomber ses bras.

« Ton chien, mon pauvre, tu ne le reverras plus.

– Il s'est fait écraser, dis-je.

– Hier matin, à onze heures et demie. Il allait Dieu sait où. Nous l'avons trouvé contre la barrière, presque dans le fossé. »

Je tournai le dos et partis me cacher.

C'était miracle qu'un imbécile ne l'eût pas déjà tué. Par ma faute, en somme.

XIV.

Personne n'a rien vu...

Je suis revenu. D'une voix forte et hachée, ma belle-sœur Louise expliquait à Tania comment cela s'était passé. Comment, du moins, on imaginait que cela s'était passé, puisque personne n'avait rien vu.

La veille, mon frère était allé au portail pour l'appeler, à l'heure où ils déjeunent, sa femme et lui. D'habitude, servi de son côté, Mao approche prudemment de son assiette, la flaire, s'en détourne avec l'odeur pour l'analyser, se lève pour juger de ce qu'il y a sur la table, quêter une caresse ou une cajolerie et revient à son propre repas en passant sous l'étagère basse de la télévision. Alors, la moitié du corps sous le meuble, il mange délicatement, puis s'écarte, se lèche les babines et vient enfin se percher sur sa chaise.

Ce jour-là, comme il n'était pas là, mon frère s'est avancé jusqu'à la route pour l'appeler. Pas de Mao. Mon frère a fait quelques pas pour voir s'il ne traînait pas devant la mairie à guetter les chats, puis est revenu en sens inverse. Alors, il l'a découvert contre la barrière qui clôt le pré des noyers, étendu dans l'herbe, le crâne à demi broyé par le choc, et vidé de son sang. Il s'est baissé, l'a touché pour s'assurer qu'il était mort, est rentré en hâte.

« Ma pauvre, disait Louise à Tania, on en aurait pleuré. On n'a pas pu avaler une bouchée. Il tenait tant de place... »

Je suis reparti. De la terrasse de mon cabinet de travail, j'ai vu les collines touchées par le printemps et l'écume des prunelles en fleur dont la houle dévalait vers l'église. Un coq chanta. Tout me parut soudain vide et inutile.

Si Tania n'avait pas été là, le désespoir m'aurait déchiré. Il m'a semblé que le silence s'emparait du monde non parce qu'un chien était mort, mais parce qu'un amour, si humble qu'il fût, m'avait quitté. J'ai pensé que les pies allaient reprendre leurs habitudes chez nous et qu'il ne les poursuivrait plus, que la belle saison approchait, qu'il ne chercherait plus les meilleures places au soleil, à l'abri du vent. Nous entrions dans la semaine sainte. Tania voulait préparer les gâteaux de la pâque russe.

Je me suis assis devant ma table de travail. Quand une épreuve m'atteint, c'est encore là que je suis le mieux, les coudes sur le plateau, devant l'outillage des porte-plume et des crayons qui m'aident à me mesurer avec le malheur. Tout de suite, j'ai pensé que je devrais dominer ma peine et faire survivre Mao à travers ce que je dirais de lui, à la manière d'un bûcheron qui se guérit de sa tristesse en maniant la cognée.

Tania a monté la valise et rangé en silence nos affaires de toilette. Je me suis levé pour aller à elle et, brusquement, ma douleur a crevé. Tania n'a pas été surprise. Quand son renard est parti, qu'elle l'a cherché, puis quand elle a désespéré de le retrouver, elle a pleuré aussi. Encore pouvait-elle penser que son renard avait accompli son destin de renard et qu'il était heureux. Devant ma détresse, elle n'a pas souri et je n'ai pas eu honte de lui montrer que je souffrais. Ma consolation est que le coup qui l'a tué l'a d'abord assommé sans qu'il ait eu le temps de penser à rien.

XV.

Deux automnes, deux hivers...

Deux automnes, deux hivers, un printemps et un été ensemble, est-ce assez pour être attachés à jamais? Il suffit de bien moins. Un simple regard, parfois. Lorsque Tania est venue chez moi pour la première fois, j'ai vite compris qu'elle allait devenir ma femme et que je me remettrais entre ses mains, pour tout. Si nous étions rentrés un jour plus tôt, mon chien vivrait peut-être encore, ou peut-être serait-il mort sous mes yeux. Et si je l'avais vu agoniser? S'il était resté infirme? Si j'avais lu un reproche dans son regard? Il m'a quitté, si j'ose dire, dans toute sa gloire. Si j'avais dû attribuer ses relâchements à la décrépitude, lui aurais-je pardonné? J'ai tout accepté de lui parce qu'il était la fantaisie incarnée, que ses muscles claquaient de force et qu'il rayonnait de sa beauté de chien.

Je sais ce qui m'a ému par lui : ce sentiment, quand il était allongé à côté de moi, sur mes genoux, sa tête enfouie sous mon veston ou mon chandail, que je possédais là, sans que cela fût, ni pour lui ni pour moi, humiliant ou indiscret, une sorte de bonheur fruste, le meilleur de tous parce qu'il est fait, comme le pain ou le vin, des biens du monde et non des artifices de l'intelligence : celui qu'on éprouve, la nuit, contre sa femme et celui qu'elle éprouve contre l'épaule de son homme, d'une réalité essentielle, ou d'une vérité plus forte que les ouvrages des philosophes : je suis heureux parce que mon chien ou ma femme est là, et je me fous qu'il pleuve, qu'il vente ou qu'il neige, que mon livre ait du succès ou pas. C'est une part de cette félicité qu'avec lui j'ai perdue, la plus simple de toutes, celle de l'anthropoïde des cavernes que je suis.

Tout l'après-midi, j'ai parcouru le parc, retrouvant les taupinières où il fouinait à coups de patte rageurs et en soufflant bruyamment. Si j'étais mort avant lui, j'aurais demandé qu'on lui fasse, son heure venue, une place près de moi. Peut-être aurait-on refusé, à cause de la terre sainte, que le prêtre bénit pour que vous reposiez en paix. Nous n'en sommes plus au temps où le gisant avait à ses pieds un chien en signe de fidélité. Un chien de seigneur, un chien de château à poil ras, de la famille des lévriers. Dans la prochaine maison que j'aurai dans une région plus pauvre et que je pourrai, pour cette raison, acquérir grande et belle, avec cinquante hectares de landes pour nous protéger des routes et des écraseurs, on trouvera un coin pour m'enterrer, sans histoire et sans inscription. Alors pourra-t-on mettre près de moi les ossements que j'emporterai de Mao. Ce sera ma terre sainte à moi.

Je vivrai sans chien le temps de découvrir cette demeure. En attendant, je tâcherai, grâce à Tania, de me garder des hommes. J'ai besoin, pour assurer la plénitude du bonheur, d'un chien couché devant le feu entre elle et moi, d'être inquiet de lui quand il est en chasse de ses propres amours, de le siffler quand il aboie et de ne pas nous sentir seuls, les nuits d'hiver où rôdent les malandrins. Mao, je vais l'entendre piquer de ses ongles le parquet de notre chambre. Il va me manquer.

XVI.

Comme le dieu Horus...

Quand le jardinier est arrivé, je suis allé à lui. « Il va falloir l'enterrer, ai-je dit d'une voix indifférente.

– On n'attendait que vous. Le trou est fait au pied du mur, devant les fenêtres de votre frère, là où l'on va semer les pois de senteur.

– Eh bien, allons. »

A grandes enjambées, il partit vers la remise et revint en tenant Mao dans ses mains tendues un peu à la façon dont le dieu Horus à tête de faucon offrait au ciel le vin qu'il allait répandre. Quand j'approchai, Mao était déjà couché dans sa fosse, le corps enveloppé dans mon vieux chandail. J'ai vu sa tête noire et sa gorge feu qui dépassaient du linceul de laine. Mon frère s'est baissé et en a rabattu un pan sur ses yeux puis, doucement, le jardinier l'a recouvert de terre brune.

Une ondée est venue m'aveugler et je suis parti. Le jardinier a dû penser que nous étions des êtres bizarres, nous, les gens de la ville : se laisser aller ainsi pour un chien, alors qu'il y a encore tant de misère chez les humains. En cela, sa position rejoint celle des musulmans, bien que, chez lui, sans le savoir, on aime les chiens au point d'avoir toujours, pour conduire les bêtes il est vrai, deux ou trois bâtards d'un peu partout sous son toit, qui se nourrissent comme ils peuvent et couchent à l'étable, entre les vaches et la jument. Il s'est peut-être rappelé le temps où Mao se battait avec les mâles du village pour l'amour de sa petite garce de Chipette et revenait encore cet hiver, par neige et grande froidure, les oreilles déchirées. Mon frère lui reprochait de ne pas enfermer sa chienne quand elle était en chaleur. Il s'en moquait bien, le jardinier! Il avait d'autres soucis en tête, et ces bagarres canines apportaient de l'animation. Elles entraient dans les faits divers du village et comptaient plus pour lui que les discussions à propos de l'Alliance atlantique ou de la réforme de l'Université. D'ailleurs, qui eût empêché Mao de participer au siège de Chipette? Il faisait ce qui lui plaisait.

Il est dans la terre, Mao. Un peu avant moi et avec un peu moins de cérémonie. Après tout, si on verse sur ma tombe des larmes aussi sincères que celles que j'ai versées pour lui, je pourrai m'estimer heureux. Moi aussi, j'aurai accompli ma vie. Comme lui, je ne dormirai dans l'odeur de l'amour que si Tania dépose contre mon visage l'autre chandail qu'elle portait le jour où nous nous sommes rencontrés.

Le lendemain, j'ai pris sur la table de la cuisine la brosse dont j'usais pour donner du lustre à son poil. Elle me servait autrefois pour réduire les épis de ma chevelure. Je l'ai remise dans ma salle de bains. Mon frère avait déposé au pied du mur, près de l'humus fraîchement remué, une ammonite brisée. Je l'ai remplacée par la plus belle de celles que nous avons dégagées en relevant le parc de ses ruines. Elle porte l'empreinte d'un énorme coquillage, un peu écrasé sur sa base, et ses anneaux se referment sur une sorte de nébuleuse.

Table

DU MÊME AUTEUR

ROMANS

LES CHEVAUX DU SOLEIL, t. I, Grasset, 1968.
UNE FEMME AU NOM D'ÉTOILE, t. II, Grasset, 1968.
LES CERISES D'ICHERRIDÈNE, t. III, Grasset, 1969.
LE MAÎTRE DE LA MITIDJA, t. IV, Grasset, 1970.
LES AMES INTERDITES, t. V, Grasset, 1972.
LE TONNERRE ET LES ANGES, t. VI, Grasset, 1975.
LES CHEVAUX DU SOLEIL, Grasset, 1980, édition en un volume.
LE DÉSERT DE RETZ, Grasset, 1978.
LA SAISON DES ZA, Grasset, 1982.

RÉCITS

CIEL ET TERRE, Alger, Charlot, 1943 (épuisé).
LA VALLÉE HEUREUSE, Charlot, Gallimard, Julliard, 1946; Albin Michel, 1989.
LE MÉTIER DES ARMES, Gallimard, Julliard, 1948.
RETOUR DE L'ENFER, Gallimard, Julliard, 1953.
LE NAVIGATEUR, Gallimard, Julliard, 1954.
LA FEMME INFIDÈLE, Gallimard, Julliard, 1955.
LES FLAMMES DE L'ÉTÉ, Gallimard, Julliard, 1956.
LES BELLES CROISADES, Gallimard, Julliard, 1959.
LA GUERRE D'ALGÉRIE, Julliard, 1960.
LA BATAILLE DE DIEN BIEN PHU, Julliard, 1963; Albin Michel, 1989.
LE VOYAGE EN CHINE, Julliard, 1965.
LA MORT DE MAO, Christian Bourgois, 1969; Albin Michel, 1991.
L'AMOUR FAUVE, Grasset, 1971.
DANSE DU VENTRE AU-DESSUS DES CANONS, Flammarion, 1976.
POUR LE LIEUTENANT KARL, Christian Bourgois, 1977.
POUR UN CHIEN, Grasset, 1979.
UNE AFFAIRE D'HONNEUR, Plon, 1984.
BEYROUTH VIVA LA MUERTE, Grasset, 1984.
GUYNEMER, L'ANGE DE LA MORT, Paris, Albin Michel, 1986.
MÉMOIRES BARBARES, Albin Michel, 1989.
VÉZELAY OU L'AMOUR FOU, Albin Michel/Champ Vallon, 1990.

ESSAIS

COMME UN MAUVAIS ANGE, Paris, Charlot, Gallimard, 1956.
L'HOMME À L'ÉPÉE, Gallimard, Julliard, 1957.
AUTOUR DU DRAME, Julliard, 1961.
PASSION ET MORT DE SAINT-EXUPÉRY, Gallimard, Julliard, 1964.
LE GRAND NAUFRAGE, Julliard, 1966.
TURNAU, Sienne, 1976 (hors commerce).
ÉLOGE DE MAX-POL-FOUCHET, Actes Sud, 1980.
ÉTRANGER POUR MES FRÈRES, Stock, 1982.

POÈMES

TROIS PRIÈRES POUR DES PILOTES, Alger, Charlot, 1942.
CHANTS ET PRIÈRES POUR DES PILOTES, Charlot, 1943, Gallimard, Julliard, 1947.
SEPT POÈMES DE TÉNÈBRES, Paris, 1957 (hors commerce).
PRIÈRE À MADEMOISELLE SAINTE-MADELEINE, Charlot, 1984.
CHANT D'AMOUR POUR MARSEILLE, Jeanne Laffitte, 1988.

THÉÂTRE

BEAU SANG, Gallimard, Julliard, 1952.
LES CYCLONES, Gallimard, Julliard, 1953.
LE FLEUVE ROUGE, Gallimard, Julliard, 1957.
LA RUE DES ZOUAVES *suivi de* SA MAJESTÉ MONSIEUR CONSTANTIN, Julliard, 1970.

PAMPHLET

J'ACCUSE LE GÉNÉRAL MASSU, Le Seuil, 1972.

CONTE

L'ŒIL DE LOUP DU ROI DE PHARAN, Sétif, 1945 (hors commerce).

AVEC JEAN AMROUCHE

CORRESPONDANCE (1937-1962).
D'UNE AMITIÉ, Edisud, 1985.

Cet ouvrage
a été composé
et achevé d'imprimer
en décembre 1991
par l'Imprimerie Floch à Mayenne
pour les Éditions Albin Michel

N° d'édition : 12125. N° d'impression : 31652.
Dépôt légal : décembre 1991.

IMPRIMÉ EN FRANCE